Renate Buddensiek

Hinaus in die Welt, wie's uns gefällt

Gedichte für Kinder

Für meine Enkelkinder
Jonas, Marie und Max

Drei Dinge sind uns
aus dem Paradies geblieben:
die Sterne der Nacht,
die Blumen des Tages
und die Augen der Kinder

(Dante Alighieri)

Deutsche Erstveröffentlichung

2023
® Alle Rechte vorbehalten

Autorin: Renate Buddensiek
Covergestaltung: Sylvia Nitsche
und Gabriele Merl
Layout: Michael Schönberg
Illustrationen siehe S.82
Herausgeberin: Renate Buddensiek
ISBN: 978-3757-8247-47
Herstellung und Verlag:
BoD – Books on Demand,
Norderstedt

Vorwort

In ihrem Buch für Kinder „*Hinaus in die Welt, wie's uns gefällt*" spiegelt die Lyrikerin Renate Buddensiek in gereimten Versen die Welt des Kindes in zahlreichen Varianten. Angesprochen werden Sehnsüchte, Wünsche, Träume, Späße, das Beisammensein in fröhlicher Runde, der Wert der Freundschaft, die Hinwendung zum Tier, die Facetten der Jahreszeiten.

Es gelingt der Autorin durch ihre klare Wortwahl und Bildsprache den Zauber des Augenblicks in einfühlsamer, humorvoller, lebendiger oder besinnlicher Weise festzuhalten. Auf dieser lyrischen Fantasiereise durch die Kinderzeit werden zudem alle angesprochen, die im Herzen jung geblieben sind. In dieser geschilderten poetischen Welt ist es eine Freude, ein Kind zu sein. Groß und Klein werden sich beim Vorlesen oder Lesen gewiss an ähnliche, vergnügliche Erlebnisse erinnern.

Im gelungenen Zusammenspiel von Worten, poetischen Bildern und begleitenden Illustrationen werden die Kinderjahre vielseitig auf eine erfrischende Weise dargestellt.

Ich wünsche diesem Werk einen großen Zuspruch bei kleinen und großen Leuten.

Maria Stalder
Vorsitzende des Freundeskreises
Düsseldorfer Buch 75`e.V.,
Juli 2023

Zum Geleit

Kleine Aufmunterung

Was zuvor verborgen schlief,
hol es dir, sei kreativ!
Mach aus Worten Poesie,
lock aus Noten Melodie!
Zeige auf Papier die Welt,
wie sie dir und mir gefällt!

1

Ein
fröhliches
Miteinander

Beste Freunde

Beste Freunde gibt's nicht oft,
triffst du einen unverhofft,
sei für ihn zu jeder Zeit
freundlich, treu und hilfsbereit!

Ist er traurig, mach ihm Mut,
euren Streit macht wieder gut,
seid nur ehrlich zueinander,
redet offen miteinander!

Müsst auch immer daran denken,
Worte heilen, Worte kränken.
Trefft ihr nur das rechte Wort,
treibt ihr manchen Kummer fort!

Nichts ist schöner auf der Welt
als ein Freund, der zu dir hält.
Wenn er fort wär, lass ihn wissen,
würdest du ihn sehr vermissen!

Mein Lieblingsplatz

Wo ich gern bin, sagt das Kind,
ist da, wo meine Eltern sind.
Mit Geschwistern, Hund und Katz
ist daheim mein Lieblingsplatz,
wo mich auch der Nachbar kennt
und bei meinem Namen nennt,
jeder meine Sprache spricht.
Anderswo gefällt's mir nicht.

Nirgends könnt es schöner sein,
denn hier bin ich nicht allein.
Kann mit meinen Freunden lachen,
lernen, spielen, Streiche machen,
radeln und den Wald durchstreifen,
gucken, ob die Brombeer`n reifen,
darf die Großeltern besuchen
und mich freun auf Apfelkuchen.

Wäre mir das Herz nicht schwer,
wenn es plötzlich anders wär
und ich müsst vom Heimatort
in die Fremde, ganz weit fort?

Mein liebes Bärchen

Mein liebes Bärchen, hör mir zu!
Mein süßer Schmusebär bist du.
Ich drück und knuddle dich so feste,
dass du weißt, du bist der Beste.

Du kuschelst dich in meinen Arm,
du tröstest mich und hältst mich warm.
Wann immer mich die Sorgen quälen,
dann weiß ich, dir kann ich's erzählen.

Dir mache ich gewiss nichts vor!
Ich flüstre leise dir ins Ohr,
was außer uns sonst niemand weiß,
kein Geheimnis gibst du preis.

Du lachst mit mir, du weinst mit mir
 und gibst mir guten Rat.
Du bist mein liebes Kuscheltier,
mein treuer Kamerad.

Hundert Purzelbäume

Mein Herz schlägt
einen Purzelbaum,
sobald ich an dich denke.
Es fliegt zu dir
in meinem Traum,
damit ich es dir schenke.
Spaziert es auch
durch deine Träume,
schlägt's über
hundert Purzelbäume.

Ich glaube
voller Zuversicht,
in deinem Herz
ist Platz für mich.
Ob es so ist,
das weiß ich nicht,
ich weiß nur eins:
ich liebe dich.

J.S.

Riesengroß und Klitzeklein

Riesengroß und
Klitzeklein
gingen in den
Wald hinein.
Riesengroß mit
schnellem Schritt,
Klitzeklein kam
kaum noch mit.

Klitzeklein konnt
nicht weit laufen,
musste ab und zu
verschnaufen,
setzte sich
auf einen Stein,
und da fing er
an zu schrein.

Riesengroß mit
Sack und Pack
nahm den Kleinen
huckepack,
wanderte mit
ihm ein Stück,
und dann ging's
nach Haus zurück.

Seifenblasenträume

Auf der Mauer vor dem Haus
bläst der Alexander
dicke Seifenblasen aus,
viele nach einander.

Märchenkugeln lässt er schweben,
duftig, leicht und rund.
Keine schöneren kann's geben,
schillernd und so bunt.

Lautlos treiben sie im Wind
in den blauen Himmel,
durcheinander ganz geschwind,
lustig, dies Gewimmel!

Fliegen an den Rand der Welt,
über Land und Meer,
hoch hinauf ans Sternenzelt,
schimmern zu ihm her.

Was ich gern wäre

Ich wollt, ich wär ein Schwalbenkind,
so leicht beschwingt wie Schwalben sind,
flög zu den Wolken hoch geschwind
und ließ mich treiben mit dem Wind.

Ich wollt, ich wär ein junger Hund,
so ausgelassen und gesund.
Ich bellte gern zu jeder Stund'
und manchmal sogar ohne Grund.

Ich wollt, ich wär ein Kätzchen
mit sammetweichen Tätzchen
und einem weißen Lätzchen.
Am Ofen wär mein Plätzchen.

Ich wollt, ich wär ein Papagei
und du und ich, wie zwei,
wir brüteten ein Ei,
dann wären wir bald drei.

Ich wollt, ich wär ein Fisch im Meer
schwämm froh und frei darin umher.
Ich hätte keine Sorgen mehr,
ja, das gefiele mir gar sehr.

Ich wollt, ich wär ein Elefant,
zög trötend durch das weite Land.
Ich wälzte mich im weichen Sand
und sonnte mich am Meeresstrand.

M.B.

Ich wollt, ich wär ein Krokodil
und schwämme frei umher im Nil,
doch im Geheimen wär mein Ziel:
ich schwämm zur Ostsee bis nach Kiel

Ich wollt, ich wär ein Teddybär,
denn du magst kleine Bären sehr.
Ich freute mich, wär ich dein Bär,
weil ich dann wunschlos glücklich wär.

Zwei auf Reisen

Hampelfrau und
Hampelmann
fuhren mit
der Eisenbahn.

Wollten nach Berlin,
wollten bald
woanders hin:
Hampelfrau
nach Ninive,
Hampelmann
nach Übersee.

Weil sie lange
hampelten,
trampelten und
strampelten
und sich gar
nicht einig waren,
mussten sie
nach Hause fahren.

J.S

Zwei in der Wanne

Seht Hannes und Anne
zu zweit in der Wanne
inmitten von Schaum!
Man sieht sie kaum.

Sie planschen und spritzen
während sie sitzen
und müssen laut lachen
bei Blasen, die sie selber machen.

G.M.

Bello und sein Bärchen

Welch lustiges Pärchen
sind Bello und Bärchen!
Was Bello tut, ist einerlei,
Bärchen ist bestimmt dabei.
Sie spielen und toben putzmunter,
sie jagen kopfüber, kopfunter,
je lauter, je lieber und schneller,
vom Dach bis in den Keller.

So geht's mit Gebell und Gebrumm
im ganzen Haus herum,
bis sie nach Spiel und Raufen
sich setzen und verschnaufen.
Da liegen die Zwei und kuscheln,
sie brummen, knurren, tuscheln
und freuen sich die ganze Zeit:
Wie schön ist doch die Welt zu zweit!

G.M.

2

Frühlingsluft
und
Sommerwind

Aprilwetter

Es stürmt und schneit
auf grüner Au,
die Frühlingsblumen knicken.
Doch bald lässt sich
im Himmelsblau
die Sonne wieder blicken.

Von Bäumen tropft
es winterweh,
wie eiskristallnes Klirren.
Im Wind treibt
rosa Blütenschnee,
die ersten Bienen schwirren.

Kein Frost mehr
und kein Hagelschlag.
Lasst uns spazieren gehen,
um uns an diesem
schönen Tag
den Frühling anzusehen!

G.M.

Der Krokus

Es schlief eine Zwiebel
im Erdreich versteckt,
da hat plötzlich
etwas sie leise geweckt.

Was hat sie gekitzelt
und geneckt,
dabei ein wenig
auch erschreckt?

Sie hat sich ganz zaghaft
zum Licht hin gestreckt
und hat, ja was sonst?
den Frühling entdeckt.

Nun tut sie, was immer
die Zwiebel tun muss,
sie grünt und blüht
als schöner Krokus.

Was sich draußen tut

Frühling lässt
mit Zaubertricks
Blüten wachsen
an den Zweigen.
Vögel zwitschern
frohen Blicks,
Grillen fangen
an, zu geigen.

M.S.

Bäume stehn
wie Zinnsoldaten,
grünen voll
von Übermut.
Um die Wette
mit den Saaten
knallen Knospen
zum Salut.

Kinder, hört
und seht euch an,
was sich draußen tut!
Schießt das Kraut,
 so hoch es kann,
dann seid auf der Hut!

Im blühenden Sommergarten

Lasst uns in den Garten gehen,
um den Sommer anzusehen!
Zarte Pusteblumen schweben,
im Holunder Spinnen weben.

Bunt umschwirrt von Schmetterlingen
blüht der Flieder, Vögel singen.
Geißblatt und Clematis klettern,
Käfer krabbeln zwischen Blättern.

Kätzchen pirscht auf leisen Sohlen,
wenn die Amseln Kirschen holen.
In den Tannen und den Hecken
spielen Eichhörnchen verstecken.

Munter flattern zwischen Ranken
Spatzen, die sich tschilpend zanken.
Stolz bewacht der Rittersporn
flammend roten Feuerdorn.

Zierlich wächst die Akelei,
Sommerwind klingt wie Schalmei.

G.M.

Auf der bunten Sommerwiese

Sommerwiese, Sonnenschein,
Blumen tanzen Ringelreih'n,
kunterbunt im Sommerwind,
mittendrin hüpft froh mein Kind.

Staunend sieht's, was ihm gefällt,
eine kleine Wunderwelt.
An den Gräsern glänzt im Tau
Sonnenlicht und Himmelsblau.

Vieles gibt's hier zu entdecken:
Eidechsen und kleine Schnecken.
Flinke Igel, die laut schnaufen,
Ameisen, die zickzack laufen.

Falter schwirren übers Gras,
Schmetterlinge haben Spaß,
wenn sie mit den dicken Hummeln
sich um Blütenkelche tummeln,

wo die Bienen Nektar tanken,
kleine Spatzen tschilpend zanken.
Blütenschauer wehn im Wind,
Pusteblumen bläst das Kind.

Hatschi! macht es, und trotz Nießen
lässt's den Tag sich nicht verdrießen.
Einen bunten Wiesenstrauß
bringt's der Mutter mit nach Haus.

G.M.

Archibald, der Gartenzwerg

Im Garten lebt tagaus, tagein,
mit fröhlichem Gesicht,
bei Regen und bei Sonnenschein,
ein lieber kleiner Wicht.

Er sitzt auf einem dicken Sack
im Garten zwischen Rosen,
trägt einen gelben Anorak
und blaue Lederhosen.

Zwerg Archibald wird er genannt.
An seiner roten Zipfelmütz
wird er sofort erkannt,
auch an dem Bärtchen, weiß und spitz.

Sind alle Bäume voller Blüten,
sieht er die Vögel gern,
und wenn sie nisten, um zu brüten,
hält er die Katzen fern.

Die Igel, die so nützlich sind,
die will er nicht vertreiben,
die Blindschleichen, so nackt und blind,
die dürfen auch gern bleiben.

Er freut sich, ist mein Garten grün,
er hilft mir oft beim Gießen,
damit die Blumen alle blühn
und alle Pflanzen sprießen.

Das tut der Archi Jahr für Jahr,
weil's ihm hier gut gefällt.
Mein Garten ist für ihn sogar
der schönste Platz der Welt.

Die Zauberin Luise

Unter Büschen auf der Wiese
wohnt die Zauberin Luise,
zaubert, was ihr Freude macht,
wunderschöne Blütenpracht.

Rosen- und Lavendelduft
mischt sie in der Sommerluft,
Veilchen, Krokus, Akelei,
Mohn und Tulpen mit dabei.

Sonnengelber Löwenzahn,
zwischen Dill und Majoran,
pustet weißen Federn gleich,
kugelrund und wollig weich,
zarte Pusteblumengrüße
übers Gras vor ihre Füße.

M.B.

G.M.

Wolkenträume

Wenn ich ein kleiner Engel wär,
flöge ich im Wolkenmeer,
würde froh ins Blaue schweben,
nachts von Sternenpracht umgeben.

Mit den Wolken ging ich leise
auf die Weltenbummler - Reise.
Lässig auf den Ellenbogen
käm ich auf dem Bauch geflogen.

Ohne Fahrplan, ohne Ziel,
trieb ich wie`s dem Wind gefiel,
sähe unten Land und Meer,
über mir das Sternenheer.

Bärchens Sommerträume

Was wünscht sich
wohl mein Teddybär?
Er wünscht,
dass immer Sommer wär.

Er hätt gern
einen Schaukelstuhl
und einen Teich
als Swimmingpool.

Im Grase säße er
ganz faul
mit einer Cola
vor dem Maul.

Vom Honigeis
in seinen Tatzen,
würde er
genüsslich schmatzen.

Er hätt auch gern
ein Trampolin,
drauf spräng er
zu den Wolken hin
bei der Siesta
unter Bäumen
in seinen
schönsten Bärenträumen.

G.M.

Die Vogelscheuche

Wer steht so stumm, tagaus, tagein,
bei jedem Wetter ganz allein,
auf Wache im Gemüsefeld,
blickt immer fröhlich in die Welt?

Das ist der Vogelscheuchen-Mann,
hat weder Schuh noch Strümpfe an.
Voll Löcher ist sein buntes Hemd,
sein Haar aus Stroh ist ungekämmt.

Der windzerzauste Vogelschreck
jagt nur die frechen Raben weg.
Die Spätzchen, denen er nichts tut,
die zwitschern froh auf seinem Hut.

Die kleinen Vögel dürfen bleiben,
mit Zwitschern ihm die Zeit vertreiben.
Die Raben krächzen Lumpenmann
und sehn ihn schief von oben an,
weil er ja, wie ihr alle wisst,
wie sie ein schräger Vogel ist.

J.S.

So schön ist der Sommer

Der Sommer schmeckt nach Kirschgelee
und Erdbeer-Marmelade,
nach Himbeereis und Eiskaffee
und süßer Schokolade.

Er riecht nach Gras und buntem Klee,
nach Blumen und nach Bäumen,
er lädt zum Schwimmen an den See,
zum Spielen und zum Träumen.

Der Sommer kommt von Süden her,
er lockt uns an den Strand.
Er riecht nach Sonnenöl und Meer,
nach Muscheln und nach Sand.

Der Sommer ruft: Ob Klein, ob Groß,
steigt in mein Boot und Leinen los!
Wir segeln auf dem Ozean
und legen unter Palmen an.

3

Wenn die Herbstwinde wehen

Vögel im Herbst

Der Sommer ist vergangen,
der Himmel trüb und grau.
Die Vögel spür'n mit Bangen,
der Wind weht kalt und rau.

Ich seh sie frierend kauern
vorm sturmzerzausten Nest.
Mir scheint es, dass sie trauern
im kahlen Baumgeäst.

Ob sie vom Sommer träumen,
vom warmen Sonnenlicht?
Sie flüstern mit den Bäumen,
doch die verraten's nicht.

G.M.

38

Spaziergang im Regen

Wer geht da verwegen
spazieren im Regen,
den Schirm aufgespannt
und fest in der Hand,
vorm Wetter nicht bang,
die Straße entlang?

Das ist Ann-Kathrein,
sie geht nicht allein,
ihr Terrier Pit
marschiert fröhlich mit.
Er schwänzelt
und scharwenzelt
vor Frauchen einher.
Da freut er sich sehr,
durch Pfützen zu laufen,
aus Pfützen zu saufen
und winzige Schnecken
im Laub zu erschrecken.

Mit Beeren zum Naschen
in Ann-Kathreins Taschen
und Pilzen vom Wald,
so gehn die Zwei bald
im Sturmschritt nach Haus
und klopfen Fell und Jacke aus.

G.M.

Der Herbststurm bläst

Wisst ihr, was der Herbststurm tut?
Hört, er bläst voll Übermut!
Bäume zaust und schüttelt er,
Blätter wirbelt er umher.
Hui! pfeift er den Weg entlang.
O, wie wird's den Bäumen bang!

Auf dem Turm der Wetterhahn
zeigt die falsche Richtung an,
weil der Sturm ihn ständig dreht,
dass ihm Hörn und Sehn vergeht.
Stände er doch wieder still!
Doch der Sturm bläst, wie er will.

Und er treibt gern Schabernack.
Ssst, bläst er in einen Sack.
O, wie hat er sich gefreut!
Alles wird daraus verstreut!
Eine Zeitung schwirrt zerfetzt,
Hunde fliehen ganz entsetzt.

O, wie wird der Herbststurm groß!
Braust und stürmt jetzt richtig los!
Scheiben klirren, Scherben fliegen,
was nicht fest ist, bleibt nicht liegen.
Seht, der Sturm reißt, welcher Schreck,
einer Frau den Schirm hinweg!

G.M.

Hört, er klappert an den Läden!
Auf den Dächern gibt es Schäden.
Ach, da fällt ein Blumentopf
einem Mann fast auf den Kopf.
Das ging grade noch mal gut,
alle sind jetzt auf der Hut.

Jemand holt die Polizei.
Tü - ta- ta! Sie saust herbei.
„ Achtung!" ruft sie, „liebe Leute,
es ist ziemlich stürmisch heute!"
Einen Sturm kann man nicht fassen.
Stürme muss man stürmen lassen!

Winddrachen am Himmel

Winddrachen am Himmel,
welch lustiges Gewimmel!
Seht mal, wie sie flattern,
zurren, surren, rattern!

Wie sie andre Drachen jagen,
tanzen, hüpfen, Salto schlagen!
Über Tannenspitzen sausen,
über unsren Köpfen brausen!

Drachen haben Drachenblut,
fliegen voller Übermut.
Wäre ihre Schnur nicht da,
flögen sie nach Afrika.

Oder zögen sie sogar,
bis ins ferne Sansibar?

Drachen steigen lassen

Wenn im Herbst
die Winde wehn,
rauscht es in den Zweigen,
freu ich mich,
aufs Feld zu gehn,
lass den Drachen steigen.

Lustig fliegt er
 an der Schnur,
immer auf und ab,
über mir
auf Feld und Flur
und hält mich in Trab.

Vor den Wolken
dreht er Schleifen,
treibt in luftigen Höhn,
ist beim Trudeln
fast zu greifen.
Wie sind seine Flüge schön!

Schöner wär
ein Drachenritt
um den Kirchturm hin und her.
Lieber Drachen,
 nimm mich mit,
denn ich bin nicht schwer!

S.N.

Was dreht sich im Wind?

Lustig dreht es sich im Wind
rund herum im Kreise
nach des Windes Weise,
einmal langsam, dann geschwind.

Hört nur, wie es saust und surrt,
so wie ein Propeller!
Schnell und immer schneller
dreht es sich und schnurrt.

Kommt's nicht von der Stelle,
steht's auf einmal still,
weil der Wind es will,
der launische Geselle!

Wisst ihr, was da steht,
sich im Winde dreht,
nur auf einem Bein?
Na, was mag das sein?

(das Windrad)

4

Geisterstunde
Halloween

Wenn durchs Dunkel Hexen jagen

J.S.

Wenn durchs Dunkel Hexen jagen,
schauerlich die Käuzchen klagen,
schwarze Katzen wild miauen,
Kürbisfratzen grinsend schauen,
schlüpfen Geister, uns zu schrecken,
überall aus den Verstecken.
Hexen zaubern, Nebel ziehn,
heute Nacht ist Halloween!

Gruslig schönes Geisterpack
treibt mit uns jetzt Schabernack.
Hexen fliegen durch die Luft,
Tote blicken aus der Gruft.
Magier - Hände, giftig - grün,
brauen, wenn die Kessel glühn,
Krötenpunsch und Kräuterwein.
Fledermäuse stelln sich ein.

J.S.

Lautlos huscht durch einen Strauch
ein Gespenst mit hohlem Bauch,
noch eins grinst, den Kopf im Arm,
kämpft mit einem Mäuseschwarm.
Kürbisköpfe sprühen Feuer.
Diese Nacht ist nicht geheuer!
Hexen zaubern, Nebel ziehn.
Fürchten lehrt uns Halloween.

Was Hexen gern essen

Alltags
Heringe im Krötenbrei,
Krähenfuß mit Speck
Hundeöhrchen in Salbei,
Floh gewürzt mit Dreck,
Kakerlaken, Spinnenbein,
Schlange nicht ganz gar,
Katzenhaar in Mäuseklein,
Fledermaus zum Kaviar.

Sonntags
Dromedar und Zander,
Drachenzahn im Reis;
Mus aus Salamander,
Dorsch im Speiseeis.
Zecken auf den Butterbroten,
Quallen im Spinat,
Zackenbarsch zu Hasenpfoten,
Fliegenpilzsalat.

Am Geburtstag
Haifisch im Holundertee,
Bier mit Mückenblut
und ein Froschlaich-Frikassee.

Das schmeckt allen Hexen gut.
So halten sie sich fit.
Nun guten Appetit!

J.S.

Kleine Hexe Pinkepank

Kleine Hexe Pinkepank,
Halloween ist heute!
Schnell, brau deinen Zaubertrank
und erschreck die Leute!

Lass sie all das Gruseln kriegen!
Kichre höhnisch, kreische laut!
Auf dem Besen sollst du fliegen!
Jeder sieht`s mit Gänsehaut,

wenn der Teufel mit dir tanzt,
Fledermaus und Irrlicht ziehn.
Zeig uns, was du alles kannst
in der Nacht von Halloween!

Spuk beim Eulenschrei

Wenn des Nachts die Eulen schrein
und das Käuzchen schaurig krächzt,
stellt der Kürbisschreck sich ein,
der nach fetter Beute lechzt.
Und die Fledermäuse - Schar
flattert lautlos bis es tagt,
baut ihr Nest in eurem Haar,
wenn ihr sie nicht schnell verjagt.
Ringelnatter, Otter, Kröte,
kriechen still an allen Ecken,
lauern bis zur Morgenröte,
um euch Kinder zu erschrecken.
Ungeheuer, Schreckgespenster
woll'n euch beißen und entführen,
lauft nach Haus, verschließt die Fenster,
auch die Luken und die Türen!

J.S.

Halloween – Gespenster

Bleiche Halloween-Gespenster,
Henker, Satan, Sensenmann,
grinsen uns durch manches Fenster
frech und furchterregend an.

Sonderbare Fabelwesen
stellen sich beim Mondlicht ein,
Hexen reiten auf dem Besen,
durch die Luft im Feuerschein.

Ekelhafte Spinnentiere,
Skorpione, Schlangenbrut,
Fledermäuse und Vampire,
wittern alle Menschenblut.

Gruselige Kürbislichter
flackern hell in finstrer Nacht.
Schaurig schöne Bösewichter
spuken bis der Tag erwacht.

J.S.

Der Nordwind und die Wetterhexen

Die Blumen welken und verblüh 'n,
die Bäume sind uns nicht mehr grün,
sie treiben es nun munter
an allen Tagen bunter.

Der Herbstwind pfeift sein Abschiedslied
der Vogelschar, die südwärts zieht.
Er pustet frech uns ins Gesicht.
Tut mir leid, das sagt er nicht.

Wetterhexen, ihm verwandt,
streuen bald mit kalter Hand
Hagelschauer, Schnee und Regen
aus den Wolken uns entgegen.

Nordwind, dieser raue Mann,
kündet uns den Winter an,
und er hat zu diesem Zweck
schon den Nachtfrost im Gepäck.

J.S.

54

5

Tannenduft, Lichterglanz
und Schnee

St. Martin

St. Martin kommt in unsre Stadt,
der Ritter, der viel Gutes tat.
Unsrem Lichterzug voran
reitet dieser heil'ge Mann.

Seinen Mantel, voll Erbarmen,
teilt er mit dem Armen,
der am Wegrand frierend sitzt,
nur ein Lumpenhemd besitzt.

Unter Mond und Sternen
leuchten die Laternen.
Blasmusik im ganzen Ort.
Danach reitet Martin fort.

Brennen die Laternen aus,
schweigen unsre Lieder,
wünschen wir zurück zu Haus:
Martin, komm bald wieder!

S.K.

Ein kleines Licht

Ein kleines Licht, das einsam brennt,
verkündet zaghaft den Advent.
Es stimmt mit seinem milden Schein
erwartungsvoll auf Weihnacht ein.

In dunkler Zeit erscheint ein Licht,
das von der Liebe Gottes spricht.
An jedem Sonntag brennt eins mehr,
trägt frohe Botschaft zu uns her.

Vier Kerzen öffnen Herz und Sinn,
sie weisen still zur Krippe hin.
Zur Nacht, in der einst Jesus Christ,
in Bethlehem geboren ist.

Engelchen Felicitas

Dem Engelchen Felicitas
bereitet Singen großen Spaß.
Es singt auf seiner Wolke oben
Kantaten, die den Herrgott loben.
🔔 🔔 🔔 🔔
Vor allem in der Weihnachtszeit,
wenn's unten auf der Erde schneit,
dann singt es voller Freude wieder
die allerschönsten Weihnachtslieder.
🔔 🔔 🔔 🔔
Da freun sich Sonne, Mond und Sterne,
und wer gut lauscht, hört aus der Ferne
die himmlische Musik erklingen
und eine Engelsstimme singen.

J.S.

Schneeflocken

Schneeflocken rieseln vom Himmel ganz leis
nieder zur Erde, und alles wird weiß,
tanzen und wirbeln in lustigen Reih'n.
Freuet euch, Kinder, es fängt an zu schnein!

Schneeflocken hat uns der Frost mitgebracht,
fallen wie Federn, so leicht und so sacht,
über die Häuser, die Täler und Höhn,
machen im Winter die Welt wunderschön!

Schneeflocken glitzern wie Sterne im Licht,
da, wo die Sonne die Wolken durchbricht.
Fahrt durch die weiße verzauberte Welt
Schlitten und Ski, so wie's euch gefällt!

Schneeflocken bringen uns allen viel Spaß,
macht nichts, sind Mütze und Socken bald nass.
Rollt uns zum Schneemann, werft uns als Ball,
nicht an das Fenster, sonst gibt's einen Knall!

Kommt an den See, der trägt eine Haut,
lauft auf dem Eis, so lang es nicht taut!
Schön ist's, die tanzenden Flocken zu sehn,
schöner, euch selbst auf dem Eise zu drehn!

G.M

Winterzauber

Nachtfrost sprüht mit kaltem Hauch
Raureif auf die Blätter,
zierlich schmückt er Baum und Strauch
und bringt Winterwetter.

Nordwind hilft ihm mit Gebraus,
führt die Wolkenfracht.
Wenn er pustet, fällt daraus
schöne Flockenpracht.

Winter überzieht die Felder
wie mit hellem Schwanenflaum,
wandelt dunkle Tannenwälder
in ein Meer aus weißem Schaum.

An die Dächer hängt er Spitzen,
setzt an Fenster Eiskristall,
lässt bei Sonne Lichter blitzen.
Goldnes Funkeln überall!

Giebeln schenkt er weiße Mützen,
stillen Seen Silberhaut,
Kindern Eis bedeckte Pfützen,
wo sie schlittern, bis es taut.

G.M

Stutenkerl und Lebkuchenmann

Ein Stutenkerl und ein Lebkuchenmann
gerieten in heftigen Streit.
Sie sahen einander recht hochnäsig an,
das war in der Vorweihnachtszeit.

Der Stutenkerl sagte: „Als modischer Mann
trag ich diesen Winter Krokant."
Er rauchte sein Pfeifchen und redete dann:
„Zum Glück sind wir zwei nicht verwandt."

Der Lebkuchenmann sprach: „He du, armer Tropf,
du willst wohl was Besseres sein?
Du hast doch nur lauter Rosinen im Kopf
und stellst nur zur Weihnacht dich ein.

Doch ich bin im Sommer und Winter zu sehn,
das weiß jedes Kind hier zu Land.
Du brauchst nur mal über den Jahrmarkt zu gehn,
da bin ich bei allen bekannt."

Ein Mäuschen beschnupperte beide und piepste:
„Hört auf mit der Rechthaberei!
Zum Knabbern ist jeder von euch mir der Liebste."
Da war's mit dem Streiten vorbei.

G.M.

Ein Tausendfüßler sein

Heut Abend kommt St. Nikolaus,
da möcht ich Tausendfüßler sein.
Ich stellte tausend Schuhe raus,
und alle wären mein.

St. Nikolaus würd ratlos stehn,
vor meinen vielen Schuh'n.
So etwas hätt' er nie gesehn,
da gäb es viel zu tun.

Mit Schokoriegel, Gummibär
wär'n bald die Schuhe voll,
mit Marzipan und vielem mehr.
Sagt, wäre das nicht toll!

Jedoch, was würd' ich machen
mit all den süßen Sachen?
Ich wüsst' schon was,
das wär ein Spaß!

Ich lüde viele Kinder ein
und teilte meine Leckerei 'n.
Leer wären dann im Nu
all meine tausend Schuh.

G.M.

Der Sternengucker Balduin

Der Sternengucker Balduin
setzt sich zur Nacht vors Fernrohr hin,
beschaut in weiter Himmelsferne
den Mond, die Fix- und Wandelsterne.

Er sieht Galaxien und Kometen,
die Satelliten und Raketen,
auch neue Sterne, die entstehn,
und andere, die untergehn.

Ein Himmelslicht, das altbekannt
durch Weise aus dem Morgenland,
sieht Balduin besonders gern,
es ist der goldne Weihnachtsstern.

Kein andrer Stern strahlt weit und breit
so hell wie er zur Weihnachtszeit.
Es ist das Licht der heil'gen Nacht,
das allen Menschen Freude macht.

J.S.

Ich möcht so gern ein Schneemann sein

Ich möcht so gern ein Schneemann sein,
aus weichem, weißen Schnee.
Und frör es draußen Stein und Bein,
tät mir der Frost nicht weh.

Blies mir der Wind kalt ins Gesicht,
der würd mich nicht verdrießen,
denn eine Grippe kriegt' ich nicht,
ich brauchte nicht zu niesen.

Ich würde nicht zur Schule gehn,
als Schneemann wär ich klug.
Ich würde immer stille stehn,
denn das wär schon genug.

Ach, könnte ich ein Schneemann sein!
Wisst ihr, was ich dann machte?
Ich lüde viele Kinder ein
und säh sie an und lachte.

Doch käm der warme Sonnenschein
und schmölze ich dahin,
dann möchte ich kein Schneemann sein.
Drum bleib ich, wer ich bin.

S.K.

Schneemann Bob und Pony Max

Pony Max beißt frech, schnipp-schnapp,
Schneemann Bob die Rübe ab,
und die lässt er sich gut schmecken.
Ach, was ist das für ein Schrecken!

Bob hat keine Nase mehr,
Jetzt muss schnelle Hilfe her.
Sicher kommt bald Reiter Pit
und bringt eine neue mit.

D.H.

D.H.

Pony - Schlittenfahrt

Dicker weißer Schnee fällt heut.
Wie mein Pony sich da freut!
Wiehernd läuft es auf mich zu
und trägt hübsche weiße Schuh.

Heute wird nicht ausgeritten.
Zieh mich, Pony, auf dem Schlitten
durch die Felder und den Wald,
wo dein Glöckchen fröhlich schallt!

J.S.

Zwei Weihnachtskätzchen

Zwei Kätzchen kuscheln dicht an dicht
zur Weihnachtszeit im Dunkeln.
Sie sehn den Mond im goldnen Licht
und hell die Sterne funkeln.

Die beiden sitzen da so lieb
auf der verschneiten Mauer,
mucksmäuschenstill, und keins sagt piep,
sie liegen auf der Lauer!

Sie warten auf den Weihnachtsmann,
sie wolln ihn um was bitten.
Sein Glöckchen kündet ihn bald an
und seinen Rentierschlitten.

Er kommt vom hohen Nordpol her
mit vollgepackten Taschen.
Die beiden Kätzchen freun sich sehr,
gewiss gibt's was zum Naschen.

Vielleicht hat er für alle zwei
eine dicke fette Maus
in seinem großen Sack dabei.
Das wär ein Festtagsschmaus!

D.H.

Schöne Winterzeit

Tausend Flocken rieseln leis,
ringsumher wird alles weiß.
Seht nur, wie es schneit!
Schöne Winterzeit.

Weich wie Federn liegt der Schnee,
Eis bedeckt den starren See.
Bäume voller Reif,
stehen still und steif.

Zapfen hängen von dem Dach,
Schollen treiben auf dem Bach.
Frost am Fensterglas
glitzert uns zum Spaß.

Freude macht uns Kindern,
Schlittenfahrt und Schlindern.
Auch die Schneeballschlacht,
wenn die Sonne lacht.

Winde pfeifen aus Nord-Ost,
rote Nasen macht der Frost.
Friert es Stein und Bein,
heizt die Stuben ein!

Tannen haben schöne Träume,
seh`n sich als geschmückte Bäume.
Leises Flüstern ist im Wald:
Weihnacht wird es bald.

M.B.

S.K.

Lustige Neujahrs-Musikanten

Wenn das alte Jahr vergeht,
das neue vor der Türe steht,
zieht eine Musikantenschar
mit Sang und Klang so wunderbar,

mit Trommeln und Trompeten,
bei Böllern und Raketen
und Blitz und Funkenregen,
dem neuen Jahr entgegen.

So fröhlich an Silvester
erklingt das Blasorchester,
mit tschingderassabum
und viel Brimborium.

Mit jupp heidi juchheirassa
und täterä hipp hipp hurra!
wünscht uns die Musikantenschar
ein wunderschönes neues Jahr.

G.M

Schornsteinfeger

Schornsteinfeger, schwarzer Mann,
hast ganz schwarze Kleider an!
Schwarz bist du von Kopf bis Fuß,
dein Gesicht ist voller Ruß!

Schornsteinfeger, schwarzer Mann,
fang bei uns mit Kehren an!
Fege unsren Schornstein aus,
bringe Glück in unser Haus!

An Silvester, denk daran:
bring ein Schwein aus Marzipan,
Glücksklee für das neue Jahr
und dein Glückwunsch werde wahr!

J.S

Inhalt

Illustrationen

Sylvia Nitsche, Paderborn **S.N.**
Coverbild und Seite 45
Jutta Schröder, Landshut **J.S.**
Seiten 11,16,35,48,49,51,52,53,54,59,69,74,80
Gabriele Merl, Hamburg, **G.M**
Seiten: 17,18,21,25,27,31,33,38,39,41,61,63,65,67,79
Sabine Marie Körfgen, Mönchengladbach, **S.K.**
Seiten: 57,71,77
Dieter Hajek, Witzenhausen, **D.H.**
Seiten. 72,73,75
Karin Mihm, Düsseldorf, K.Mihm
Seiten 12,13
Maria Stalder, Mettmann, **M.S**.
Seite 23
Marie Buddensiek, Ratingen (8 Jahre) **M.B.**
Seiten 15,30,77
Weitere Zeichnungen von der Autorin

Renate Buddensiek

* in Essen, aufgewachsen in Hattingen/Ruhr,
Studium (Anglistik und Romanistik) in Göttingen,
Übersetzer- Abschluss IHK Bonn, lebte und arbeitete 8 Jahre lang
in Wales (Großbritannien), gab Deutsch-Unterricht für Ausländer/innen,
lebt heute in Ratingen, schreibt Lyrik und Kurzprosa, auch für Kinder.

Mitglied
FDA (Freier Deutscher Autorenverband) Landesverband NRW e.V.
DHG (Deutsche Haiku Gesellschaft) e.V.
FDB (Freundeskreis Düsseldorfer Buch '75 e.V.) Düsseldorf
Literarische Gesellschaft Ruhr e.V. Essen
Verein der Schriftstellerinnen und Künstlerinnen Wien

Veröffentlichungen
in Anthologien (u.a. Reclam und dtv), Zeitungen,
Literaturzeitschriften, Bibliothek deutschsprachiger Gedichte,
im Baumhaus Verlag 1993 (zwei Kinderbücher, eine Anthologie)
Gedichtband „Im Blickwinkel" Dr. Muth Verlag, Düsseldorf 2012
„Der kleine Elefant und andere Tiergedichte für Kinder e-publi 2020
2. Auflage bei BOD 2021

Lesungen
in verschiedenen Städten im Ruhrgebiet
im Lokalradio Neandertal
Literaturpreis 2016 Freundeskreis Düsseldorfer Buch '75 e.V.
3.Preis (Publikumspreis) Lyrik Stier 2018

Ratingen, im Juli 2023
®Alle Rechte bei der Autorin